Kim Tawm

Geheime Übungen taoistischer Mönche

Kim Tawm

Geheime Übungen taoistischer Mönche

Hermann Bauer Verlag
Freiburg im Breisgau

Die französische Originalausgabe erschien 1979
unter dem Titel
Les Exercices Secrets des Moines Taoïstes
bei Guy Trédaniel, Paris.

Ins Deutsche übertragen von Dagmar Türck.

CIP-Kurztitelaufnahme der Deutschen Bibliothek

Kim, Tawm:
Geheime Übungen taoistischer Mönche/Kim Tawm.
[Ins Dt. übertr. von Dagmar Türck]. –
Freiburg im Breisgau: Bauer, 1982
Einheitssacht.: Les exercices secrets
des moines taoistes ‹dt.›
ISBN 3-8727-0248-4

1982
ISBN 3-7626-0248-4

Satz und Druck: Zobrist & Hof AG, Pratteln/Schweiz.
Bindung: Walter Verlag, Buchbinderei, Heitersheim.
Printed in Switzerland.

Gewidmet meinem Meister

Ich danke meinen Freunden
André Faubert, Michel Virol, Doktor Dang Lanthanh,
Doktor Lam Myhanh und meinen Töchtern
für ihre hilfreiche Unterstützung.

Vorwort

Dieses Handbuch führt in direkter Linie eine uralte und doch unverändert aktuelle chinesische Tradition fort. Wir möchten ihm wünschen, daß ihm nicht das Schicksal so vieler anderer Bücher widerfährt, die in Sammlerbibliotheken vergilben.

Sein Inhalt, dessen ganzer Reichtum sich erst in täglicher und ausdauernder Übung voll entfaltet, entspringt lebendiger Erfahrung. Welche Früchte den Anhänger dieser Methoden erwarten, vermag der Neuling nicht einmal zu erahnen. Wenn diese Anleitungen auch jedem zu empfehlen sind, den es nach Wandlung verlangt, so denken wir doch vor allem an jene, die sich der chinesischen Heilkunst verschrieben haben. Sie werden mit Gewißheit ihr »Tchi« in all seinen Manifestationen beträchtlich steigern – sehr zum Wohle ihrer Beziehungen zu ihrer Umgebung im weitesten Sinne des Wortes.

Diese Übungseinheiten sind eine unerläßliche Vorbereitung für alle, die auf einem Weg vorankommen wollen, der, wenn auch rational nicht restlos begreifbar, so doch um nichts weniger Teil der universalen Wirklichkeit ist.

Die diätetischen Anweisungen sind in mehr als einer Hinsicht von besonderem Interesse. Der Leser wird bemerken, daß gewisse Verbote vergleichbar sind mit jenen, die die Religion in unserem Mittelalter hervorgebracht hat.

André Faubert
Akupunkteur

Einleitung

Die taoistischen Übungen, die in diesem Buch beschrieben sind, haben wir während der dreijährigen Vorbereitungszeit bei unserem Meister ausgewählt und erprobt.

Dank regelmäßiger Ausführung haben wir im Bereich des Physischen, des Geistigen und des Seelischen große Erfolge erzielt. Wir möchten unsere Leser auf das herzlichste einladen, diese Techniken drei Monate hindurch auszuprobieren, damit sie deren wohltuende Wirkung erfahren. Wer sie anwendet, kann sein Leben völlig verändern.

Wir möchten ausdrücklich darauf hinweisen, daß diese geheimen Übungen in keiner Weise gefährlich sind. Ihre wohltuende Wirkung wird sich jedoch nur einstellen, wenn sie unter getreulicher Befolgung der Anweisungen genau und regelmäßig ausgeführt werden. Nach drei Monaten der Übung ist es möglich, erholsamen Schlaf wiederzufinden, eine gute Verdauung, Unempfindlichkeit gegen Hitze und Kälte, Freude, inneren Frieden, Erinnerungsvermögen und Intuition. Weitere Veränderungen können sich im geistigen Bereich einstellen, wie etwa Toleranz gegenüber allen Religionen und Achtung vor allen menschlichen Wesen, ungeachtet der Hautfarbe und der Ideologie.

Entsprechend der zur Verfügung stehenden Zeit können die zwölf Grundübungen gewählt werden, ergänzt durch die jeweilige Kalenderübung oder die zwei Universalübungen. Man sollte die *Übung der drei Geheimnisse* täglich ausführen, um den eigenen Magnetismus und die Intuition zu steigern; in schwierigen Lebenslagen ist sie eine große Hilfe. Die fünf Übungen, die auf dem Prinzip der fünf Elemente beruhen, sollten vorzugsweise morgens ausgeführt werden und mindestens einmal in der Woche.

Diese Techniken, deren Kenntnis einst den Mönchen vorbehalten war, kann jeder ausüben. Denkweisen und die gesellschaftlichen Verhältnisse haben sich derart gewandelt, daß es jedem möglich ist, diese Übungen vorschriftsmäßig auszuführen, ohne sich aus Familien- und Berufsleben zurückziehen zu müssen.

Um mögliche Zweifel unserer Leser zu zerstreuen, möchten wir ausdrücklich betonen, daß das Tao weder eine Religion noch eine neue Sekte ist. Es ist eine Lebensweise, die sich im Einklang mit den Gesetzen der Natur befindet und die zum Ziel hat, Gesundheit, Glück und Frieden zu bewahren oder wiederherzustellen.

Den theoretischen Teil des Tao, den bereits andere Autoren beschrieben haben, lassen wir hier beiseite. Wir legen unser Hauptaugenmerk auf den praktischen Teil, wie unser Meister ihn uns gelehrt hat.

Über die Jahrhunderte entdeckten die taoistischen Meister immer neue Übungen und, falls ich mich nicht irre, wurden bis zum heutigen Tag in zahlreichen Büchern mehr als siebenhundert Übungen in knapper Form beschrieben. Die in diesem Buch beschriebenen Übungen hat unser derzeitiger Meister ausgewählt.

Zu den geheimen Übungen zählt auch das Trae-Tsi-Chuan mit seinen 108 langsamen Bewegungen, dessen Anwendung wir dem Leser besonders ans Herz legen wollen. Wir empfehlen den Besuch einer traditionellen Schule für Trae-Tsi Chuan, in der das Geheimnis des »Spiels der Füße« gelehrt wird. Die Wirkungen der folgenden Übungen auf den physischen und geistigen Bereich können dadurch verstärkt werden.

Kim-Tawm

Grundübungen

Einheit von zwölf Übungen, die täglich bei Sonnenaufgang mit dem Gesicht nach Osten auszuführen sind.

Übung 1

»Mit den Zähnen knirschen«

Sitzen mit gekreuzten Beinen und aufrechtem Oberkörper. Dreimal hintereinander tief durch den Mund ausatmen, die Gedanken ausströmen lassen. Sechsunddreißigmal geräuschvoll die Kinnladen aufeinanderschlagen. Weitermachen mit Übung Nr. 2.

Übung 2

»Speichel schlucken«

Bei geschlossenem Mund die Zunge nach rechts, nach links, nach oben und nach unten bewegen und dabei geräuschvoll Speichel sammeln. Speichel in drei Teile teilen. Jeden Teil rasch und heftig hinunterschlucken, als ob man etwas Bitteres zu schlucken hätte. Weitermachen mit Übung Nr. 3.

Übung 3

»Trocken waschen«

Sitzen mit aufrechtem Oberkörper.

Handflächen gegeneinander reiben, bis sie sehr heiß werden.

Die Handflächen sodann nacheinander auf die folgenden Körperstellen auflegen:

– auf die Stirn, wobei die Innenkanten der Hände sich berühren. Die Hände zum Hinterkopf streichen lassen, wieder zur Ausgangsposition zurückkehren und die Bewegung dreimal wiederholen;
– auf die Augen, mit massierenden Bewegungen die Hände zum Hinterkopf führen, dreimal wiederholen;
– auf die Wangen, mit massierenden Bewegungen zum Hinterkopf führen, dreimal wiederholen;
– auf die Nase, mit massierenden Bewegungen zum Hinterkopf führen, dreimal wiederholen;
– auf den Mund, mit massierenden Bewegungen zum Hinterkopf führen, dreimal wiederholen;
– auf das Kinn, mit massierenden Bewegungen zum Hinterkopf führen, dreimal wiederholen;
– auf den Hals, mit massierenden Bewegungen zum Hinterkopf führen, dreimal wiederholen;
– in den Nacken, mit massierenden Bewegungen zum Hinterkopf führen, dreimal wiederholen;
– auf die Ohren, mit massierenden Bewegungen zum Hinterkopf führen, dreimal wiederholen.

Im Verlauf dieser Übung müssen die Handflächen, sobald sie kalt werden, wieder heiß gerieben werden.

Übung 4

»Die Trommel schlagen«

Sitzen mit aufrechtem Oberkörper.

Mit den Handflächen die Ohren verschließen. Die Daumen weisen nach hinten, die Spitzen der Mittelfinger treffen sich an der Schädelbasis. Die Zeigefinger ruhen fest auf den Mittelfingern. Den Druck der Zeigefinger so verstärken, daß sie gleichzeitig von den Mittelfingern herunterschnappen und kräftig auf die Schädelbasis auftreffen.

Den Vorgang sechsunddreißigmal wiederholen.

Übung 4

»Die Trommel schlagen«

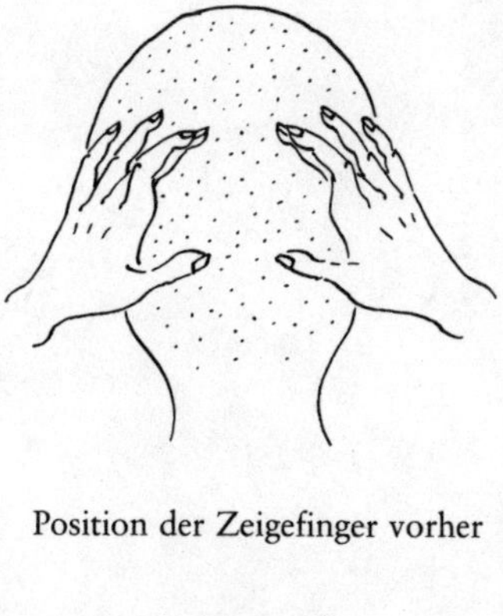

Position der Zeigefinger vorher

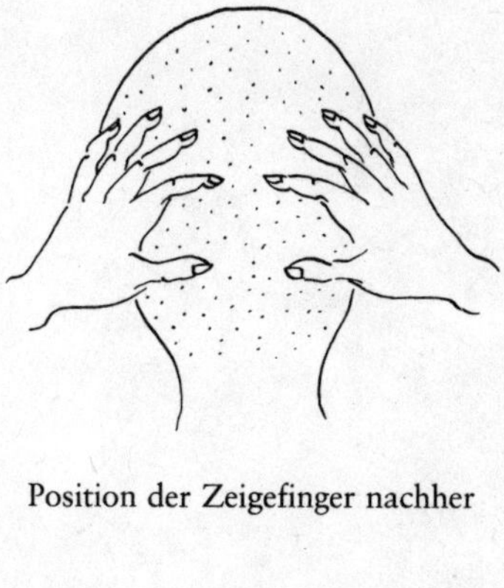

Position der Zeigefinger nachher

Übung 5

»Rückenmarkmassage«

Mit der linken Handfläche die obere und mittlere Halsregion sechsunddreißigmal massieren, indem die Hand eine seitliche Hin- und Herbewegung ausführt.

Dasselbe mit der rechten Hand wiederholen.

Übung 6

»Den himmlischen Rumpf drehen«

Sitzen mit gekreuzten Beinen und aufrechtem Oberkörper.

Die linke Hand auf die rechte Schulter legen, die rechte Hand auf die linke. Den Oberkörper langsam nach links drehen, dann nach rechts, siebenmal nach jeder Seite.

Übung 7

»Den Himmel halten«

Stehen mit aufrechtem Oberkörper.

Die Arme mit geschlossenen Fäusten nach oben strecken. Durch die Nase einatmen und gleichzeitig Kopf und Rumpf nach hinten neigen. Nach dem Einatmen sofort wieder ausatmen, dabei Kopf und Arme nach vorne schnellen lassen und mit den Händen die Knie umfassen.

Dreimal wiederholen.

Übung 8

»Den Bogen spannen«

Sitzen mit gekreuzten Beinen und aufrechtem Oberkörper.

Die Arme parallel nach vorne strecken. Die Fäuste sind geschlossen, die Zeigefinger zeigen zum Horizont.

Den Oberkörper nach links drehen, wobei die gestreckten Arme der Bewegung folgen. Mit den Augen den linken Zeigefinger fixieren. Die rechte Hand (Faust geschlossen, Daumen zeigt nach oben) am Körper vorbei nach hinten führen, als würde man einen Bogen spannen. Während der ganzen Bewegung bleiben die Augen auf den linken Zeigefinger gerichtet.

Zur Ausgangsposition zurückkehren und die Bewegung zur anderen Seite ausführen.

Die Übung siebenmal nach jeder Seite wiederholen.

Übung 9

»Den Nabel massieren«

Stehen mit aufrechtem Oberkörper.

Mit der linken Hand die Hoden umfassen. Die rechte Hand massiert den Bauch, indem sie sechsunddreißigmal eine kreisförmige Bewegung um den Nabel beschreibt.

Die Hände wechseln und mit der anderen Hand noch einmal sechsunddreißigmal den Nabel massieren.

Übung 10

»Die Nieren massieren«

Sitzen mit aufrechtem Oberkörper.

Die Handflächen gegeneinander reiben, bis sie sehr heiß sind. Die Hände auf die Nieren legen und sechsunddreißigmal kräftig von oben nach unten und von unten nach oben massieren.

Übung 11

»Den Iong-tsiuann massieren«

Sitzen mit aufrechtem Oberkörper.

Mit der linken Hand den linken Fuß ergreifen. Mit der rechten Hand sechsunddreißigmal kräftig den Teil der Fußsohle massieren, wo sich der Akupunkturpunkt Iong-tsiuann befindet, der erste Punkt des Nierenmeridians.

Diese Übung am anderen Fuß sechsunddreißigmal wiederholen.

Übung 12

»Die Wirbelsäule massieren«

Sitzen mit aufrechtem Oberkörper.

Die Handflächen gegeneinander reiben, bis sie sehr heiß sind. Die Hände auf die Wirbelsäule legen. Sechsunddreißigmal kräftig von der Taille zum Steißbein massieren.

Anmerkung

Die regelmäßige Anwendung dieser zwölf Übungen schützt vor den Angriffen der »Dämonen« (Konei) und vor negativen Energien. Der Geist gelangt zur Erleuchtung.

Übungen für Fastenzeiten

Vor dem Fasten sollte die Reinigung stehen.

Während der gesamten Dauer der Fastenzeit ist es notwendig, ein bis drei Liter Wasser täglich zu sich zu nehmen. Außerdem empfiehlt es sich, täglich ein bis zwei Bäder zu nehmen, wobei jeder die Temperatur nach eigenem Ermessen wählen sollte.

Die Dauer der Fastenzeit kann zwischen sieben und hundert Tagen betragen. Nach einer längeren Hungerphase (nach zwei Wochen zum Beispiel) sollte man, um den Magen nicht zu überfordern, bestimmte Vorsichtsmaßnahmen beachten, bevor man wieder zu einer normalen Ernährungsweise übergeht. Mit der Aufnahme von fester Nahrung sollte man erst nach Ablauf von vier bis fünf Tagen nach Abschluß der Diät beginnen.

Die beiden folgenden Übungen ermöglichen ein Fasten ohne Beschwernis.

Übung 1

Zur Mittagszeit; sitzen mit gekreuzten Beinen und aufrechtem Oberkörper.

Die Arme vor der Brust gekreuzt, wobei sich die Daumen berühren. Den Kopf leicht nach vorne neigen. Keine beengende Kleidung tragen. Die Augen schließen, dreimal tief durch den Mund ausatmen. Der Mund geschlossen, wobei sich die Zähne ohne Druck berühren, die Zunge zum Zäpfchen gebogen:

Ruhig und langsam durch die Nase einatmen. Stellen Sie sich dabei vor, daß die Luft durch die Nasenlöcher eindringt und langsam zum Nabel strömt. Die Luft durch Konzentration vom Nabel zum Steiß leiten.

Die Luft anhalten, den Anus zusammenziehen. Die angehaltene Luft durch Konzentration zum Nabel leiten, dann ausatmen.

Die Übung sechsmal wiederholen, sobald sich Hungergefühl einstellt.

Zwei geheime Übungen
zum wirksamen Fasten

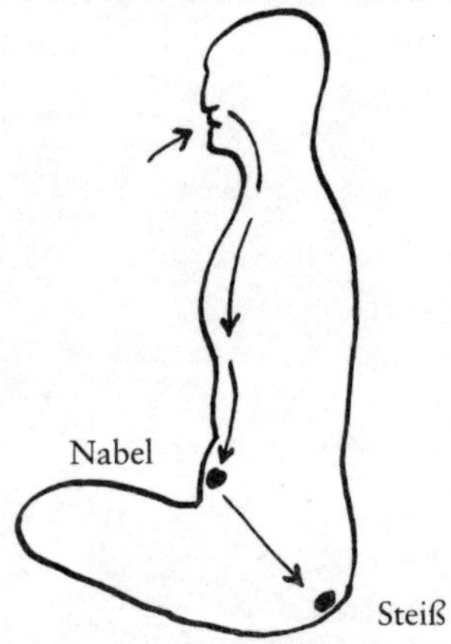

Übung 2

Ziel dieser Übung ist es, Schwächegefühle zu überwinden.

Sitzen mit aufrechtem Oberkörper und gekreuzten Beinen.

Arme gekreuzt, wobei die Daumen sich berühren. Ruhig und langsam durch die Nase einatmen, wobei man sich vorstellt, daß die Luft zum Nabel strömt und dann vom Nabel zum Steißbein.

Den Atem anhalten, den Anus zusammenziehen, dann die Luft durch Konzentration vom Steißbein entlang der Wirbelsäule zum Scheitelpunkt leiten, dann ausatmen.

Diese Übung darf nicht öfter als 108mal ausgeführt werden, wenn sie nicht von einem wahrhaftigen Meister überwacht wird.

Sie sollte viermal täglich angewendet werden: zu Mittag, um Mitternacht, bei Sonnenaufgang und bei Sonnenuntergang.

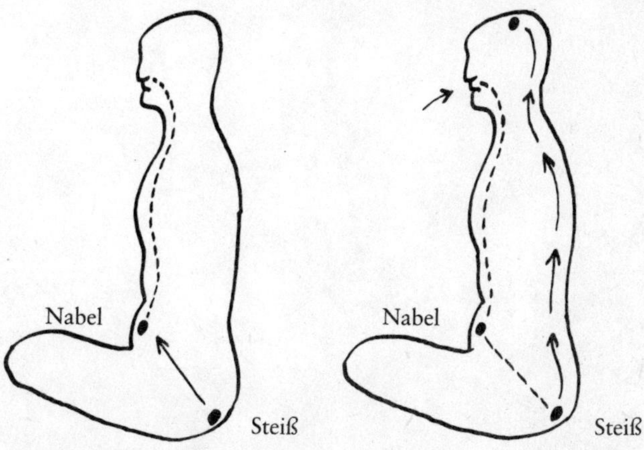

Universalübungen

Die beiden folgenden Übungen sind bekannt für ihre vorbeugende und heilende Wirkung. Außerdem werden sie zur Heilung von organischen Leiden angewendet, wie etwa bei Zirrhosen, erhöhtem Blutdruck, Herzbeschwerden, nervösen Depressionen, Kropfbildung, Augenleiden, usw. Bestimmte Schulen empfehlen diese Übungen bei allen Nervenleiden, selbst bei den schwersten.

Übung 1

Stehen, die Füße etwa vierzig Zentimeter, oder genauer gesagt, um Schulterbreite, auseinander.

Die Zehen so zusammenkrümmen, daß die Fußsohle, besonders in der vorderen Partie, eine starke Wölbung bildet. Die Füße stehen mit den Fersen, den Außenkanten und den gekrümmten Zehenspitzen fest auf dem Boden. Während der gesamten Dauer oder Übung müssen die Gedanken auf den Iong-tsiuann-Punkt, den ersten Punkt des Nierenmeridians, der in der vorderen Partie der Fußsohlenwölbung liegt, konzentriert bleiben.

Aufrechter Oberkörper, die Augen auf einen Punkt am Horizont gerichtet (oder geschlossen). Ruhig und langsam die Arme nach vorne in die Horizontale heben, jedoch völlig ohne Kraftaufwand. Die Hände bleiben in den Handgelenken locker. Ohne Anstrengung durch die Nase einatmen, während sich die Arme heben.

Wenn die Schulterhöhe erreicht ist, die Arme langsam

sinken lassen und hinter den Körper führen. Während die Arme sich senken, bilden die Hände in natürlicher Haltung die Verlängerung der Unterarme. Am Ende der Bewegung sind die Hände so gebogen, daß die Handflächen nach oben zeigen. Dieser zweite Bewegungsablauf erfolgt unter ruhiger und normaler Ausatmung. Wenn ganz ausgeatmet ist, beginnen sich die Arme, bei gleichzeitiger Einatmung, wieder nach vorne zu heben.

Damit diese Übung ihre volle Wirkung entfalten kann, ist es notwendig, daß die gesamte Körperpartie zwischen Kopf und Lendengegend völlig entspannt und locker ist. Die Körperpartie von der Lendengegend bis zu den Fußsohlen muß dagegen starr bleiben. Die Kräfte sind zu 70% im Unterkörper und zu 30% im Oberkörper konzentriert. Es ist unabdingbar, daß das Gewicht fest auf den gewölbten Füßen liegt, so als wolle man sich mit den Zehen in den Boden

Langsame Pendelübung mit festem Bodenkontakt

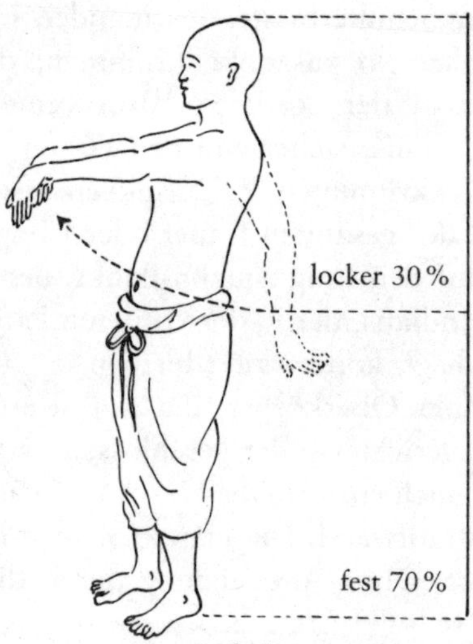

krallen. Die Aufmerksamkeit darf während der gesamten Dauer der Übung nicht nachlassen. Man beginnt mit zweihundert Bewegungen und steigert dann bis zu tausend oder mehr pro Sitzung. Der volle Wert dieser Übung erweist sich nur bei regelmäßiger täglicher Anwendung.

Übung 2

Stehen mit aufrechtem Oberkörper, die Füße um Schulterbreite auseinander.

Augen schließen, langsam ein- und ausatmen.

Zeigefinger, Mittelfinger und Ringfinger beider Hände liegen mit den Außenseiten aneinander. Die Fingerspitzen berühren in Höhe der Schlüsselbeine in direktem Hautkontakt das Brustbein. Massierende kleine Kreisbewegungen

Kreismassage vom Brustbein zum Nabel

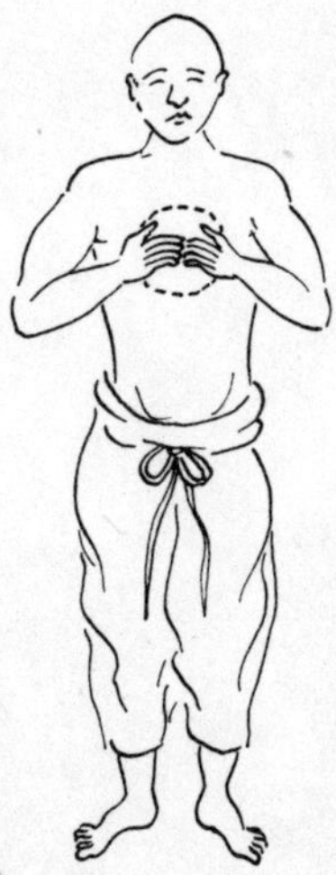

auf der Linie zwischen oberem Brustbein und Nabel beschreiben.

Diese Massage wird im Uhrzeigersinn, zuerst von oben nach unten und dann von unten nach oben ausgeführt. Man rechnet 108 Kreise für eine Auf- und Abbewegung. Dieselbe Massage wiederholen, in entgegengesetzter Richtung kreisen. Diese Übung ist nur unter der Bedingung wirksam, daß sie täglich ausgeführt wird.

Kalenderübungen

Die vierundzwanzig Kalenderübungen sollen morgens gegen fünf Uhr, um die Mittagszeit und gegen Mitternacht ausgeführt werden. Das Gesicht ist dabei immer nach Osten gerichtet.

Übung 1

Für die Zeit vom 5. bis zum 19. Februar

Lotussitz. Rechte Hand auf den linken Oberschenkel legen, mit Daumen und Zeigefinger der linken Hand das rechte Handgelenk umfassen. Mit beiden Händen auf den Oberschenkel drücken und dabei gleichzeitig Oberkörper und Gesicht nach rechts drehen; die Zähne zusammenbeißen und durch den Mund ausatmen. Linke Hand auf den rechten Oberschenkel legen, mit Daumen und Zeigefinger der rechten Hand das linke Handgelenk umfassen. Mit beiden Händen auf den Oberschenkel drücken und dabei gleichzeitig Oberkörper und Gesicht nach links drehen; die Zähne zusammenbeißen und durch den Mund ausatmen. Die Übung in jeder Richtung fünfzehnmal wiederholen. Ausgangshaltung wiedereinnehmen, sechsunddreißigmal die Zähne aufeinanderschlagen, dreimal Speichel schlucken. Ruhig und langsam durch die Nase atmen.

Diese Übung ist wirksam gegen Kopfschmerzen, Schmerzen in den Schultergelenken und in den Ellenbogen und gegen Verdauungsstörungen.

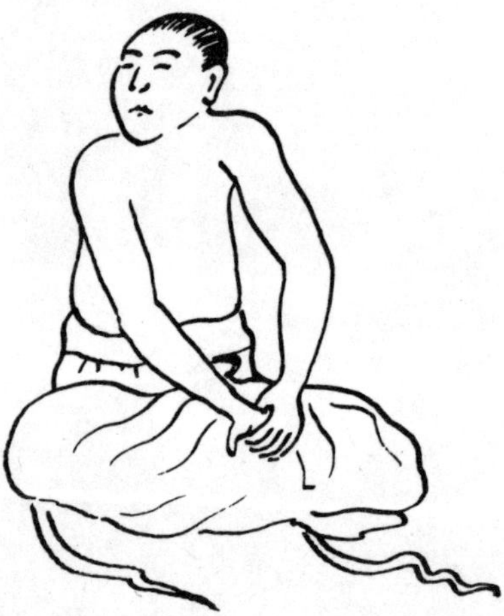

Übung 2

Für die Zeit vom 20. Februar bis zum 6. März

Diese Übung entspricht Übung Nr. 1. Statt auf den Oberschenkeln liegen die Hände jedoch auf den Knien.

Diese Übung wirkt gegen die »widrigen Winde«, gegen Ohrensausen, gegen übermäßiges Schwitzen, gegen Schmerzen in den Augenwinkeln und gegen trockenen Mund.

Die Übung in jeder Richtung fünfzehnmal wiederholen.

Übung 3

Für die Zeit vom 7. März bis zum 22. März

Lotussitz, Kopf erhoben, die Ellenbogen am Körper, die Unterarme parallel zu den Oberschenkeln ausstrecken.

Die Fäuste ballen, Ellenbogen nach hinten drücken und gleichzeitig den Kopf senken. Die Zähne zusammenbeißen, durch den Mund ausatmen und dabei die Fäuste öffnen.

Die Übung dreißigmal wiederholen.

Ausgangshaltung wieder einnehmen, Hände auf die Oberschenkel legen, sechsunddreißigmal mit den Zähnen knirschen, dreimal Speichel schlucken. Ruhig und langsam durch die Nase atmen.

Diese Übung ist wirksam gegen negative Energien, die Lunge und Magen angreifen, gegen Gesichtsblässe, trockenen Mund, Nasenbluten, gegen Stimmverlust, gegen Halsschmerzen, Verlust des Geruchsinns, Kopfschmerzen, Mandelentzündung und gegen Sehstörungen.

Übung 4

Für die Zeit vom 23. März bis zum 7. April

Sitzen mit gekreuzten Beinen. Hände auf die Brust legen, Kopf erhoben.

Arme halb nach links von sich strecken, die Hände mit äußerster Kraft nach vorne drücken, dabei den Kopf nach rechts drehen.

Zähne zusammenbeißen, am Ende der Bewegung durch den Mund ausatmen.

Hände wieder auf die Brust legen, Arme halb nach rechts von sich strecken, die Hände mit äußerster Kraft nach vorne drücken, dabei den Kopf nach links drehen.

Zähne zusammenbeißen, am Ende der Bewegung durch den Mund ausatmen.

Die Übung zweiundvierzigmal wiederholen.

Lotussitz einnehmen, Hände auf die Oberschenkel legen, sechsunddreißigmal die Zähne aufeinanderschlagen, dreimal Speichel schlucken. Ruhig durch die Nase atmen.

Diese Übung ist wirksam gegen Schmerzen in den Schultern, in der Brust und im Rücken. Sie fördert den Kreislauf, senkt das Fieber und ist gut gegen Blähungen. Sie bekämpft Ohrensausen, trockene Haut und Juckreiz.

Übung 5

Für die Zeit vom 8. April bis zum 23. April

Sitzen mit gekreuzten Beinen. Den linken Arm parallel zum Boden nach links strecken, die Hand erhoben, Kopf gerade.

Die rechte Hand auf die rechte Brust legen und den Ellenbogen nach hinten drücken.

Zähne zusammenbeißen und am Ende der Bewegung durch den Mund ausatmen. Dann die linke Hand auf die linke Brust legen, den rechten Arm parallel zum Boden nach rechts strecken, die Hand erhoben, Kopf gerade, gleichzeitig den linken Ellenbogen nach hinten drücken.

Die Übung sechsundfünfzigmal wiederholen. Die Zähne sechsunddreißigmal aufeinanderschlagen. Dreimal Speichel schlucken. Ruhig und langsam durch die Nase atmen.

Diese Übung ist wirksam gegen steifen Hals, Verdauungsstörungen, Leibschmerzen, gegen Durchfall, Genickstarre und Ohrensausen.

Übung 6

Für die Zeit vom 24. April bis zum 9. Mai

Sitzen mit gekreuzten Beinen.

Die linke Handfläche gegen die rechte Brust drücken. Den rechten Arm senkrecht nach oben strecken, die Handfläche weist nach oben. Die Zähne zusammenbeißen und am Ende der Bewegung durch den Mund ausatmen.

Die rechte Handfläche gegen die linke Brust drücken. Den linken Arm senkrecht nach oben strecken, die Handfläche weist nach oben. Die Zähne zusammenbeißen und am Ende der Bewegung durch den Mund ausatmen.

Die Übung jeweils sechsunddreißigmal wiederholen.

Die Übung ist wirksam gegen Verstopfung, gegen Schmerzen im Unterleib, gegen Schmerzen in der Wirbelsäule, gegen glühende Handflächen.

Übung 7

Für die Zeit vom 10. Mai bis zum 25. Mai

Sitzen mit gekreuzten Beinen.

Die Augen schließen und die Gedanken ausströmen lassen.

Mit beiden Händen das linke Knie in zwei Phasen an die Brust ziehen. Das andere Bein bleibt am Boden.

Zähne zusammenbeißen, durch den Mund ausatmen und dann dreimal Speichel schlucken.

Die Übung mit dem anderen Knie wiederholen.

Die Übung mit jedem Knie fünfunddreißigmal wiederholen.

Die Übung ist wirksam gegen geschwollene Glieder, gegen Gliederschmerzen, gegen Schwindel, gegen Beriberi, gegen nervöse Depressionen. Sie beugt vor gegen Bewegungsstörungen und zeitweiliges Irrereden, begleitet von unvermittelten Lachanfällen und Fieber.

Übung 8

Für die Zeit vom 26. Mai bis zum 9. Juni

Sitzen mit gekreuzten Beinen, zur Ruhe kommen und an nichts Bestimmtes denken.

Den rechten Arm senkrecht heben, die Handfläche zeigt zum Himmel. Gleichzeitig die linke Hand bei gestrecktem Arm auf das linke Knie legen.

Die Zähne zusammenbeißen, am Ende der Bewegung durch den Mund ausatmen, den Speichel auf dreimal runterschlucken.

Arme wechseln und die Übung wiederholen.

Die Übung jeweils fünfzehnmal wiederholen.

Diese Übung ist wirksam gegen negative Energien im Magen und in den Eingeweiden, gegen Schwindel, gegen entzündete Augen und Gesichtsröte, gegen heißen oder kalten oder unregelmäßigen Harnfluß und gegen Erbrechen infolge von Flüssigkeitsaufnahme.

Übung 9

Für die Zeit vom 10. Juni bis zum 24. Juni

Stehen in gerader Haltung. Zur Ruhe kommen, die Gedanken ausströmen lassen.

Gleichzeitig beide Arme senkrecht nach oben strecken, die Handflächen zeigen zum Himmel. Den Blick auf die Handrücken richten, den Oberkörper nach hinten neigen.

Die Zähne zusammenbeißen, durch den Mund ausatmen und dabei rasch die Arme senken. Den Speichel schlucken.

Die Übung dreißigmal wiederholen.

Die Übung ist wirksam gegen negative Energien, gegen Blässe, gegen Leibschmerzen, gegen übermäßiges Durstgefühl, gegen übermässigen Harndrang, gegen Gedächtnisschwund, gegen häufigen Husten und Schleimbildung und gegen Fieber.

Übung 10

Für die Zeit vom 25. Juni bis zum 10. Juli

Sitzen, die Beine von sich gestreckt.

Mit beiden Händen den rechten Fuß greifen und zu sich ziehen, wobei das Knie gegen die Brust geführt wird. Gleichzeitig den Kopf nach hinten legen und die Zehenspitzen auf Kinnhöhe bringen.

Die Zähne zusammenbeißen, durch den Mund ausatmen, während der Fuß gesenkt wird. Den Speichel schlucken.

Die Bewegung mit dem linken Fuß wiederholen.

Die Übung jeweils fünfunddreißigmal wiederholen.

Die Übung ist wirksam gegen allgemeine Mattigkeit, gegen Gliederschmerzen und gegen Schmerzen in der Lendengegend.

Übung 11

Für die Zeit vom 11. Juli bis zum 25. Juli

Sitzen, das rechte Bein nach vorne gestreckt. Das linke Bein wird so abgewinkelt, daß die Ferse unter dem Anus liegt. Die Arme nach hinten strecken und die Hände auf den Boden stützen. Der Kopf bleibt gerade.

Die Zähne zusammenbeißen, durch den Mund ausatmen, den Speichel schlucken.

Beine wechseln und die Übung wiederholen.

Übung wiederholen, jede Seite fünfunddreißigmal.

Die Übung ist wirksam gegen »widrige Winde«, Gedächtnisschwund, Jähzorn, Gliederschwere, gegen Husten, Niesreiz, Schnupfen, Asthma, Fieberanfälle, gegen Verstopfung, trocknen Mund und Rückenschmerzen.

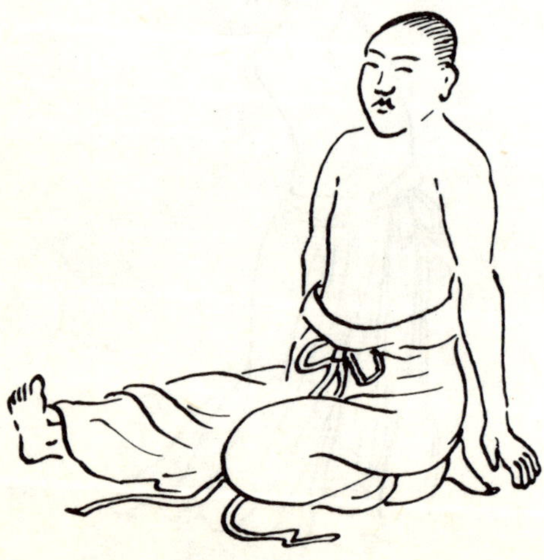

Übung 12

Für die Zeit vom 26. Juli bis zum 9. August

Sitzen mit gekreuzten Beinen.

Oberkörper nach vorne gebeugt, die Arme strecken und die geschlossenen Fäuste vor sich auf den Boden stützen. Der Rücken bleibt gerade.

Die Zähne zusammenbeißen, durch den Mund ausatmen, den Speichel schlucken.

Den Kopf nach rechts drehen, ohne dabei die Haltung zu verändern. Die Zähne zusammenbeißen, durch den Mund ausatmen, den Speichel schlucken.

Die Übung fünfzehnmal wiederholen.

Die Übung ist wirksam gegen Kopfschmerzen, Nacken- und Rückenschmerzen, Husten mit Auswurf, Asthma, Nervosität und Niedergeschlagenheit, gegen übermäßiges Schwitzen, Hitzewallungen und hartnäckiges Fieber.

Übung 13

Für die Zeit vom 10. August bis zum 25. August

Sitzen mit gekreuzten Beinen.

Den Oberkörper auf die ausgestreckten Arme stützen, die Hände flach auf dem Boden.

Den Atem anhalten und versuchen, den Körper zu heben, indem man sich nach vorne beugt. Hebt sich der Körper nicht, versucht man, mit den Gesäßmuskeln nachzuhelfen.

Die Bewegung zehnmal hintereinander ohne abzusetzen wiederholen.

Die Zähne zusammenbeißen, durch den Mund ausatmen, dreimal Speichel schlucken.

Die Übung ist hilfreich gegen Kopfschmerzen, bitteren Geschmack im Mund, Appetitlosigkeit, Frösteln, kalte Schweißausbrüche, gegen nervöse Erschöpfungszustände und Stimmverlust.

Übung 14

Für die Zeit vom 26. August bis zum 9. September

Sitzen mit gekreuzten Beinen. Den Kopf zehnmal nach links und dann rechts drehen. Die Augen schließen, den Kopf heben, die Fäuste auf den Rücken legen. Von den Schulterblättern bis auf Höhe der Nieren die Wirbelsäule entlangklopfen. Fünfzehnmal rauf und runter.

Die Zähne zusammenbeißen, durch den Mund ausatmen, den Speichel schlucken.

Die Übung ist wirksam gegen rheumatische Schulter- und Rückenbeschwerden, Gelenkschmerzen, Atembeschwerden, Atemnot, Durstgefühl und Husten mit Auswurf.

Übung 15

Für die Zeit vom 10. September bis zum 25. September

Sitzen mit gekreuzten Beinen und aufrechtem Oberkörper. Hände auf die Knie legen, den Kopf zur linken Schulter neigen, dann zur rechten, fünfzehnmal zu jeder Seite.

Den Oberkörper spannen, indem man den Kopf nach hinten neigt.

Die Zähne zusammenbeißen, durch den Mund ausatmen, dreimal Speichel schlucken.

Die Übung ist wirksam gegen Verdauungsstörungen, Grippe, intermittierendes Fieber, Schlafsucht, Tobsucht (Schreien, Singen, Kleider zerreißen), sowie wenn Yin und Yang nicht im Einklang sind.

Übung 16

Für die Zeit vom 26. September bis zum 10. Oktober

Sitzen mit gekreuzten Beinen und aufrechtem Oberkörper, mit den Händen die Ohren zuhalten. Den Kopf zur linken Schulter neigen, dann zur rechten, fünfzehnmal zu jeder Seite.

Zurück in die Ausgangsstellung, die Zähne zusammenbeißen, durch den Mund ausatmen, dann den Speichel schlucken.

Die Übung ist wirksam bei der Behandlung von Blähungen, Durchfall, Furunkel und Rheuma.

Übung 17

Für die Zeit vom 11. Oktober bis zum 26. Oktober

Sitzen mit gekreuzten Beinen und aufrechtem Oberkörper.

Die Arme heben, die Handflächen weisen zum Himmel, dabei den Oberkörper und den Bauch nach oben strecken. Dann die Arme sinken lassen. Fünfzehnmal wiederholen.

Die Zähne zusammenbeißen, durch den Mund ausatmen, dann dreimal Speichel schlucken.

Diese Übung ist wirksam gegen Fieber, Grippe, Rheuma und Leibschmerzen.

Übung 18

Für die Zeit vom 27. Oktober bis zum 11. November

Sitzen mit gestreckten Beinen.

Nach vorne beugen und die Fußspitzen mit den Händen greifen. Die Füße und die Knie zu sich ziehen, und dabei mit den Beinmuskeln der Bewegung Widerstand entgegensetzen. Dann die Beine ausstrecken, wobei die Hände der Bewegung Widerstand leisten.

Beide Bewegungen fünfunddreißigmal wiederholen. Die Zähne zusammenbeißen, durch den Mund ausatmen und dreimal den Speichel schlucken.

Diese Übung empfiehlt sich bei Gelenkrheuma, Blut im Urin, Verstopfung, Schwierigkeiten beim Harnlassen und bei Gicht.

Übung 19

Für die Zeit vom 12. November bis zum 27. November

Sitzen mit gekreuzten Beinen und aufrechtem Oberkörper.

Die Arme parallel nach vorne strecken, die Hände erhoben (die Handrücken weisen zum Körper), gleichzeitig den Kopf nach links drehen, dann die Ellenbogen nach hinten ziehen, ohne die Hände sinken zu lassen; dann den Kopf wieder gerade drehen.

Die Arme wieder nach vorne strecken, die Hände erhoben (die Handrücken weisen zum Körper), gleichzeitig den Kopf nach rechts drehen, dann die Ellenbogen nach hinten ziehen, ohne die Hände sinken zu lassen; dann den Kopf wieder gerade drehen.

Die Übung fünfzehnmal ausführen. Dann mit den Zähnen knirschen, durch den Mund ausatmen und dreimal Speichel schlucken.

Diese Übung ist gut für Leber, Lunge und Magen, sie hilft gegen Durchfall gleich nach dem Essen, Leibschmerzen, Hexenschuß, geschwollene Augen und Ohrensausen.

Übung 20

Für die Zeit vom 28. November bis zum 11. Dezember

Sitzen mit gekreuzten Beinen und aufrechtem Oberkörper.

Die linke Hand auf das linke Knie legen. Den linken Ellenbogen mit der rechten Hand ergreifen und nach rechts ziehen und dabei drei Sekunden lang mit dem linken Arm Widerstand leisten.

Die rechte Hand auf das rechte Knie legen. Den rechten Ellenbogen mit der linken Hand ergreifen und nach links ziehen und dabei drei Sekunden lang mit dem rechten Arm Widerstand leisten.

Die Übung empfiehlt sich bei Gelenkschmerzen, zu starker Regelblutung, Blutergüssen und Husten.

Übung 21

Für die Zeit vom 12. Dezember bis zum 27. Dezember

Stehen in gerader Haltung. Die Arme seitlich heben, die Handflächen sind zum Himmel gewandt.

Linkes Bein abknicken, Knie hochziehn, Fuß nach vorne schleudern. Den Fuß wieder auf den Boden setzen.

Rechtes Bein abknicken, Ferse ans Gesäß drücken. Fuß nach hinten schleudern.

Übung fünfunddreißigmal wiederholen.

Mit den Zähnen knirschen, durch den Mund ausatmen, dreimal Speichel schlucken.

Diese Übung ist wirksam gegen Gelenkrheumatismus, Blutspucken, Angst und Gelbsucht.

Übung 22

Für die Zeit vom 28. Dezember bis zum 12. Januar

Sitzen mit ausgestreckten Beinen.

Mit den Händen fünfzehnmal auf die Knie drücken; dann die Arme senkrecht heben und gleichzeitig den Kopf drehen.

Mit den Zähnen knirschen, durch den Mund ausatmen, dann dreimal Speichel schlucken.

Diese Übung heilt Kopfschmerzen, geistige Erschöpfung, Appetitlosigkeit, Gliederschmerzen, Husten mit Auswurf, Blähungen.

Übung 23

Für die Zeit vom 13. Januar bis zum 28. Januar

Sitzen mit gekreuzten Beinen und aufrechtem Oberkörper.

Die linke Hand auf das linke Knie legen, den rechten Arm senkrecht nach oben strecken, wobei die Handfläche zum Himmel zeigt. Gleichzeitig den Kopf in den Nacken legen und die Augen auf den rechten Handrücken richten.

Den rechten Arm sinken lassen, die rechte Hand auf das rechte Knie legen, den linken Arm senkrecht nach oben strecken, wobei die Handfläche zum Himmel weist. Gleichzeitig den Kopf in den Nacken legen und die Augen auf den linken Handrücken richten.

Übung fünfzehnmal wiederholen.

Mit den Zähnen knirschen, durch den Mund ausatmen, dreimal Speichel schlucken.

Diese Übung ist gut gegen Verstopfung, Erbrechen nach den Mahlzeiten, Blähungen, Verdauungsstörungen, Gliederschwere und Schwierigkeiten beim Harnlassen.

Übung 24

Für die Zeit vom 29. Januar bis zum 4. Februar

Sitzen, das rechte Bein so abknicken, daß die Ferse den Anus berührt, das linke Bein nach vorne strecken. Auf die nach hinten gestreckten Arme stützen. Den Kopf nach hinten legen und gleichzeitig den Bauch herausstrecken.

Den Bauch entspannen, das rechte Bein nach vorne strekken, das linke Bein so abknicken, daß die Ferse den Anus berührt.

Auf die nach hinten gestreckten Arme stützen. Den Kopf nach hinten legen und gleichzeitig den Bauch herausstrecken.

Die Übung fünfzehnmal wiederholen.

Mit den Zähnen knirschen, durch den Mund ausatmen, dann dreimal Speichel schlucken.

Diese Übung ist wirksam gegen Gehschwierigkeiten, Durchfall, zittrige Knie, körperliche Schmerzen.

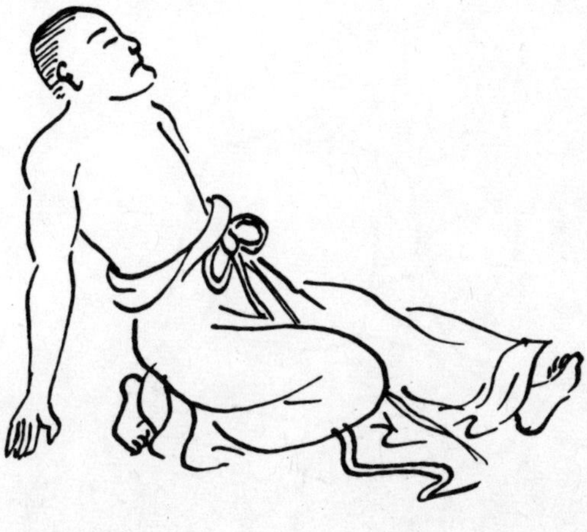

Bemerkung

Sitzen mit gekreuzten Beinen, linker Fuß auf dem rechten Oberschenkel, rechter Fuß auf dem linken Oberschenkel. Zu Anfang fällt es schwer, diese Haltung einzunehmen. Falls es nicht gelingt, kann man die Füße auch unter die Schenkel legen. Den Oberkörper gerade halten.

Zähne aufeinanderschlagen: bei geschlossenem Mund die Zähne geräuschvoll aufeinander schlagen. Übung sechsunddreißigmal wiederholen, dann tief durch den Mund ausatmen.

Anschließend bei geschlossenem Mund die Zunge von rechts nach links und von oben nach unten bewegen, bis sich der Mund mit Speichel füllt. Diesen in drei Teile teilen und nacheinander rasch und heftig hinunterschlucken. Diese Übung heißt »Speichel schlucken«.

Sitzhaltung mit gekreuzten Beinen

Übung der drei Geheimnisse

Es ist überliefert, daß die Übung der drei Geheimnisse Traurigkeit verscheucht, Furchtsamkeit mindert, Mißgeschick und Unglück abwendet und Depressionen verhindert. Sie ist dafür bekannt, daß sie den persönlichen Magnetismus und die intuitiven und geistigen Kräfte steigert.

Die drei Geheimnisse sind: das Geheimnis des Körpers, das Geheimnis des Tons und das Geheimnis des Gedankens.

Beschreibung

Sitzen mit gekreuzten Beinen und aufrechtem Oberkörper. Die Handflächen ruhen auf den Oberschenkeln. Das »Siegel des Tse« (Abbildung siehe Seite 58) bilden: Daumenspitzen auf die Wurzeln der Ringfinger legen (die Handflächen liegen nach wie vor auf den Oberschenkeln). Die vier Finger schließen sich um den Daumen, wobei man langsam durch die Nase einatmet. Den Atem zum Bauch, in den »Tan-Tien« leiten, der sich sechs Zentimeter unterhalb des Nabels befindet, wobei sich der Bauch aufbläht. Das ist das Geheimnis des Körpers.

Den Atem anhalten und dabei sehr langsam siebenmal im Kopf den Ton OM bilden. Die Schwingungen des Tons im rechten Ohr hören. Das ist das Geheimnis des Tons.

Die Gedanken auf der »Tan-Tien« konzentrieren. Sobald man den Atem nicht länger anhalten kann, langsam durch die Nase ausatmen und dabei den Bauch einziehen; gleichzeitig die Hände öffnen und sich dabei vorstellen, daß die

Sorgen, die Ängste und das Unglück Geist und Körper verlassen. Das ist das Geheimnis des Gedankens. Die Übung sieben- bis neundvierzigmal wiederholen, mindestens aber siebenmal.

Das Siegel des »Tse«

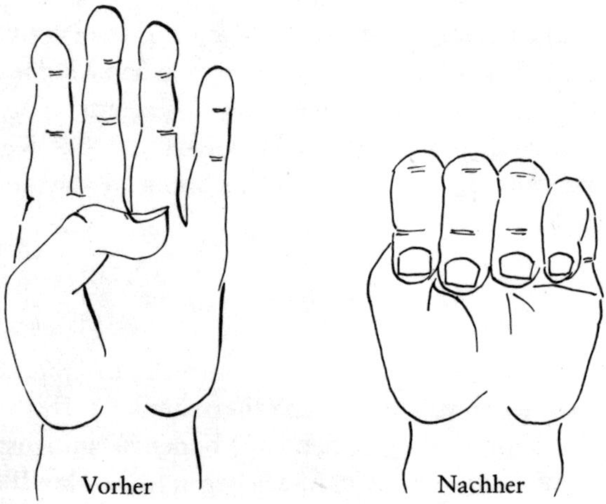

Wirkungsweise der fünf Töne

Grundübungen

Die richtige Anwendung der fünf Töne (Ha, Hü, Ho, Hi, Ssi) kann Erkrankungen der fünf Organe im besonderen heilen und die fünf Elemente im allgemeinen von Verunreinigung befreien. (Zur Vertiefung der Kenntnis der fünf Elemente, des Tsing, der negativen Energien, der wesentlichen Einheiten [Chenn, Roun, Prô, I, Tche] empfehlen wir die Lektüre von *Traité didactique d'Acupuncture Traditionelle* von A. Faubert.)

Alle folgenden Übungen müssen vor Sonnenaufgang ausgeführt werden.

Wirkung auf Herz und Element Feuer

Sitzen mit gekreuzten Beinen und aufrechtem Oberkörper, das Gesicht nach Süden.

Langsam durch die Nase einatmen, dabei den Atem zum Bauch, in den »Tan-Tien« leiten, der sich sechs Zentimeter unterhalb des Nabels befindet, gleichzeitig den Bauch aufblähen. Man stellt sich dabei einige Sekunden lang vor, daß diese Luft das rote »Tsing« ist (reine, unsichtbare Energie) und daß dieses »reinigende« Feuer vom Bauch zum Herzen emporsteigt und alle Unreinheiten und Krankheiten, die sich dort befinden, verbrennt. Dann durch den Mund ausatmen und den Bauch einziehen, dabei den Ton »Ha« hauchen und sich vorstellen, daß gleichzeitig mit dem Atem und dem Ton alle Unreinheiten und Krankheiten den Körper verlassen.

Diese Übung siebenmal ausführen; sie ist wirksam gegen Erkrankungen des Herzens und des Dünndarms, der Arterien, des Blutes und des »Chenn«. Sie bringt Freude.

Wirkung auf Leber und Element Holz

Sitzen mit gekreuzten Beinen und aufrechtem Oberkörper, Gesicht nach Osten.

Langsam durch die Nase einatmen, dabei den Atem zum Bauch, in den »Tan-Tien« leiten, der sich sechs Zentimeter unterhalb des Nabels befindet, gleichzeitig den Bauch aufblähen. Man stellt sich dabei einige Sekunden lang vor, daß diese Luft das unsichtbare »Tsing« des Holzes ist, dem die Farbe Blau-Grün entspricht und daß dieses »reinigende« Feuer des Holzes vom Bauch zum Herzen emporsteigt und alle Unreinheiten und Krankheiten, die sich dort befinden, verbrennt.

Dann durch den Mund ausatmen und den Bauch einziehen, dabei den Ton »Hü« hauchen und sich vorstellen, daß gleichzeitig mit dem Atem und dem Ton alle Unreinheiten und Krankheiten den Körper verlassen.

Diese Übung siebenmal ausführen; sie ist wirksam gegen Erkrankungen der Leber, der Gallenblase, der Augen, der Sehnen und des »Roun«. Sie vertreibt den Jähzorn.

Wirkung auf Magen und Element Erde

Sitzen mit gekreuzten Beinen und aufrechtem Oberkörper, das Gesicht zum Himmel erhoben.

Langsam durch die Nase einatmen, dabei den Atem zum Bauch, in den »Tan-Tien« leiten, der sich sechs Zentimeter unterhalb des Nabels befindet, gleichzeitig den Bauch aufblähen. Man stellt sich dabei einige Sekunden lang vor, daß diese Luft das unsichtbare »Tsing« der Erde ist, dem die Farbe Gelb entspricht und daß dieses »reinigende« Feuer der Erde vom Bauch zum Magen emporsteigt und alle Unreinheiten, Krankheiten und Geschwüre, die sich dort befinden, verbrennt.

Dann durch den Mund ausatmen und den Bauch einziehen, dabei den Ton »Ho« hauchen und sich vorstellen, daß gleichzeitig mit dem Atem und dem Ton alle Unreinheiten und Krankheiten den Körper verlassen.

Diese Übung siebenmal ausführen; sie ist wirksam gegen Erkrankungen des Magens, der Milz, der Bauchspeicheldrüse, des Mundes und des »I«. Sie verbessert die Fähigkeit zur Konzentration.

Wirkung auf Lunge und Element Metall

Sitzen mit gekreuzten Beinen und aufrechtem Oberkörper, das Gesicht nach Westen.

Langsam durch die Nase einatmen, dabei den Atem zum Bauch, in den »Tan-Tien«leiten, der sich sechs Zentimeter unterhalb des Nabels befindet, gleichzeitig den Bauch aufblähen. Man stellt sich dabei einige Sekunden lang vor, daß diese Luft das unsichtbare »Tsing« des Metalls ist, dem die Farbe Weiß entspricht und daß dieses »reinigende« Feuer des Metalls vom Bauch zur Lunge emporsteigt und alle Unreinheiten und Krankheiten, die sich dort befinden, verbrennt.

Dann durch den Mund ausatmen und den Bauch einziehen, dabei den Ton »Hi« hauchen und sich vorstellen, daß gleichzeitig mit dem Atem und dem Ton alle Unreinheiten und Krankheiten den Körper verlassen.

Diese Übung siebenmal ausführen; sie wirkt heilsam bei

Erkrankungen der Lunge, des Dickdarms, der Nase, der Haut und des »Prô«. Sie vertreibt den Kummer.

Wirkung auf Nieren und Element Wasser

Sitzen mit gekreuzten Beinen und aufrechtem Oberkörper, das Gesicht nach Norden.

Langsam durch die Nase einatmen, dabei den Atem zum Bauch, in den »Tan-Tien« leiten, der sich sechs Zentimeter unterhalb des Nabels befindet, gleichzeitig den Bauch aufblähen. Man stellt sich dabei einige Sekunden lang vor, daß diese Luft das unsichtbare »Tsing« des Wassers ist und daß es vom Bauch zu den Nieren strömt und sie von allen Unreinheiten und Krankheiten, die sich dort befinden, »reinigt«.

Dann durch den Mund ausatmen und den Bauch einziehen, dabei den Ton »Ssi« hauchen und sich vorstellen, daß gleichzeitig mit dem Atem und dem Ton alle Unreinheiten und Krankheiten den Körper verlassen.

Diese Übung siebenmal ausführen; sie wirkt heilsam bei Erkrankungen der Nieren, der Harnblase, des Gehirns, der Ohren und des »Tche«. Sie vertreibt die Angst.

Anmerkung: Bei dieser Übung nicht an die Farbe Schwarz denken, die zwar dem Element Wasser zugeordnet ist, die aber vor allem die Abwesenheit von Farbe symbolisiert.

Empfehlungen für den Sexualverkehr

Nach einem Monat regelmäßiger Anwendung der oben beschriebenen Übungen werden Sie Ihre ursprüngliche Manneskraft wiedererlangen. Aber hüten Sie sich davor, durch Exzesse Ihre Energie zu schnell zu erschöpfen. Nach der Überlieferung ist der Sexualverkehr untersagt um Mitternacht (von 23 bis 1 Uhr), zur Mittagszeit (von 11 bis 13 Uhr), wenn man zuviel gegessen und getrunken hat, neben einem Brunnen, direkt auf dem Erdboden, in der Küche, in der Toilette, unter Wasser, während des Gewitters, wenn es donnert, bei Tag- und Nachtgleiche, bei Sonnenwende und bei Sonnen- und Mondfinsternis. Außerdem erlaubt das asiatische Horoskop die Bestimmung der für den Sexualakt ungünstigen Tage. Es gibt Tage, die für alle ungünstig sind, und es gibt Tage, die für das einzelne Paar ungünstig sind.

Während dieser verbotenen Tage schwächt der Koitus die Körperenergie, da er negativen Energien, die Unglück und Krankheit mit sich bringen, Einlaß gewährt.

Empfehlungen für die Ernährung

Verbote

Die meisten taoistischen Schulen forderten den Verzicht auf bestimmte Speisen, die sie als schädlich für den Organismus betrachteten. Wir geben nun eine Liste dieser Verbote, in der zugleich auf die Folgen hingewiesen wird, die sich aus dem Verzehr der verbotenen Nahrungsmittel und gefährlicher Nahrungsmittelverbindungen ergeben.

Fisch ohne Eingeweide und Galle in Verbindung mit Reis bewirken beim Mann Impotenz und bei der Frau Unfruchtbarkeit.

Krabben mit Zitronen-, Orangen- oder Mandarinenschale verursachen Juckreiz und Durchfall.

Reiner Honig mit rohen Zwiebeln gemischt kann Herzkrankheiten hervorrufen, Wahnsinn und Darmgeschwüre.

Zucker und Salz gemischt schaden der Lunge und fördern die Schleimbildung.

Schweineleber und Taube bei derselben Mahlzeit gegessen rufen Ängste und Depressionen hervor und fördern die Bildung von roten Flecken im Gesicht.

Ziegenkutteln mit Pfeffer gewürzt verursachen Leibschmerzen.

Mit Pfeffer gewürzte Ziegenkutteln in Verbindung mit Bambussprossen verursachen Durchfall, begleitet von unerträglichen Schmerzen.

Garcinienfrucht mit Zucker führt zum Tod.

Sojabohnenkäse mit Honig ist eine tödliche Mischung.

Fuchsfleisch mit Koriander ist ein tödliches Gericht.

Hühnerfleisch mit Salz und Sesam verursacht Ohrensausen, Schwindel und Gliederzittern.

Hühnerfleisch mit Knoblauch und rohen Zwiebeln verursacht Durchfall.

Schweinekopf vergiftet den Organismus.

Schweinefleisch mit Essig bewirkt Durchfall.

Von rohem Schweinefleisch bekommt man Bandwürmer.

Schweinefleisch mit rohem Ingwer bewirkt Rheumatismus und Flecken im Gesicht.

Schweinefleisch mit Ziegenleber fördert die Schleimbildung.

Aal in Verbindung mit Büffelfleisch ist ein tödliches Gericht.

Schildkröte mit Hühner- oder Enteneiern ist ein tödliches Gericht.

Büffelfleisch mit Ingwer verursacht Erbrechen und Durchfall.

Von Büffelfleisch mit feuchtem Reis bekommt man Bandwürmer.

Roher Knoblauch mit Honig ist tödlich.

Langusten in Verbindung mit Schweine- oder Hühnerfleisch verursachen Abszesse, krätzeähnliche Erkrankungen und Furunkel.

Der Verzehr von Knoblauch, Zwiebel und Ingwer am Abend führt zu Gedächtnisverlust.

Hase und Kaninchen schaden der Energie Yang, schwächen die Energie und fördern die Gelbsucht.

Alte Hühner vergiften den Organismus.

Der Verzehr von Enteneiern im Winter bewirkt Kältegefühle im Magen und Verdauungsstörungen.

Unmäßiger Petersilie- und Koriandergenuß schwächt das Gedächtnis.

Schweinefleisch mit Süßholz ist tödlich.

Ginseng mit in Essig zubereiteten Speisen schadet dem Organismus.

Maniok mit Tamarindenfrucht ist tödlich.

Leguan mit Ingwer ist tödlich.

Fische mit hörnerähnlichen Auswüchsen am Kopf und ohne Kiemenflossen sind tödlich.

Von Huhn mit feuchtem Reis bekommt man Band- oder Spulwürmer.

Mißgestaltete Tiere (dreibeinig, zweiköpfig, usw.) sind sehr giftig für den Organismus.

Speisen, die für Schwangere schädlich sind

Huhn mit feuchtem Reis: Das Kind bekommt einen Bandwurm.

Karpfen: Das Kind bekommt Krätze und Schnupfen.

Krabben: Komplikationen bei der Niederkunft.

Weiße Sojabohnen: Das Kind wird asthmatisch.

Ingwer: Dem Kind droht ein überzähliger Finger zu wachsen.

Spatz oder Taube: Das Kind wird nymphoman.

Pferd oder Esel: Spätgeburt (10 Monate) mit Komplikationen.

Hase oder Kaninchen: Dem Kind droht eine Hasenscharte.

Enteneier: Das Kind bekommt Leibschmerzen und Verdauungsstörungen.

Frösche (und Lurche im allgemeinen): Das Kind wird stumm.

Schildkröte: Das Kind bekommt einen kurzen Hals.

Ziegen- oder Schafsleber: Dem Kind droht Krätze am ganzen Kopf.

Wirkungsweisen bestimmter Nahrungsmittel nach der orientalischen Gesundheitslehre

Kleine grüne Sojabohnen (Saatgut) sind Yin. Sie entgiften den Organismus, senken das Fieber und wirken ernüchternd. Sie sind proteinreich.

Honig ist Yin und Yang zugleich (heiß und kalt). Er stärkt die Lunge, die Milz und die Bauchspeicheldrüse, er senkt das Fieber und beseitigt Verstopfung. Er ist unübertrefflich für die Behandlung von Verbrennungen durch Feuer oder kochendes Wasser.

Portulak ist Yin (kalt), er erleichtert das Harnlassen und heilt Furunkel.

Die Zwiebel ist Yin und Yang (heiß und kalt). Sie heilt Kopfschmerzen und Furunkel, wirkt schweißtreibend.

Schalottenblätter sind Yang (heiß). Sie heilen Verdauungsstörungen und Kältegefühle im Magen. Der Saft, den man beim Zermalmen der Blätter gewinnt, ist kreislaufanregend.

Knoblauch ist Yang (heiß). Er wirkt heilsam bei Sonnenstich, ist verdauungsfördernd, beseitigt Abszesse und Furunkel, schützt vor jahreszeitlich bedingten Angriffen negativer Energien und vor ungesunden Einflüssen finsterer Orte: dunkle Wälder, Sümpfe, dunkle Berge etc.

Salz ist Yin und Yang (kalt und heiß). Es fördert schleimiges Erbrechen, lindert Entzündungen, kräftigt die Zähne und verbessert die Sehfähigkeit.

Tee ist Yin und Yang (kalt und heiß). Er fördert die Verdauung, wirkt fettlösend, beseitigt Blähungen und Schwierigkeiten beim Harnlassen.

Reisschnaps ist Yang. Er fördert die Verdauung. Wenn

man ihn für etwa hundert Tage in der Erde vergräbt, bekommt er eine anregende Wirkung und heilt Cholera.

Bambussprossen sind Yin. Sie erleichtern das Harnlassen. Nicht ausreichend gekocht wirken sie giftig. Magenkranken wird vom Verzehr abgeraten.

Lychees sind Yin und Yang (kalt und heiß). Regen Magen-, Milz- und Bauchspeicheldrüsentätigkeit an, fördern die Produktion der Magensäfte.

Kaki ist Yin (kalt). Diese Frucht neutralisiert die Wirkung des Weines.

Schweinefleisch ist Yin und Yang (kalt und heiß). Der Verzehr von Schweinepfoten wirkt kräftigend und förderlich auf die Stillfähigkeit. Schweinekopf dagegen ist sehr giftig; Schweinekutteln erschweren die Verdauung.

Büffelfleisch ist Yin (kalt). Es regt die Tätigkeit von Milz und Bauchspeicheldrüse an und erleichtert das Harnlassen.

Rindfleisch wirkt anregend und ist Yang (heiß). Es stärkt den gesamten Organismus. Jähzornige Menschen sollten nur wenig davon essen.

Hammelfleisch ist besonders Yang (heiß). Es wirkt sehr kräftigend, es stärkt die Arterien, die Muskeln und die Gelenke. Es empfiehlt sich besonders für die Ernährung geschwächter Patienten.

Aal ist Yin (kalt). Kälteempfindliche Menschen sollten ihn zu allen Jahreszeiten meiden.

Das Fleisch von Reh und Hirsch ist Yang (heiß). Es wirkt sehr stärkend und soll, wie es heißt, Impotenz heilen. Hirschblut ist gut gegen Lungenentzündung.

Hase und Kaninchen sind Yin und Yang (kalt und heiß). Der Genuß ihres Fleisches schwächt Energie und Geist und kann Gelbsucht hervorrufen.

Fuchs ist Yang (heiß). Sein Fleisch stärkt den Organismus und den Willen, heilt krätzeähnliche Erkrankungen.

Hühnerfleisch ist Yang (heiß). Es stärkt die Energie. Fieberkranke sollten vom Verzehr absehen.

Gänsefleisch ist besonders Yin (zu kalt). Es ist fast immer giftig, besonders für Rekonvaleszenten.

Siamesische oder thailändische Gans ist sehr giftig und sollte gemieden werden. Sie begünstigt lepröse Erkrankungen.

Ente ist Yin (kalt). Sie erleichtert das Harnlassen. Bei Erkältungen ist vom Verzehr abzuraten.

Die Wachtel ist Yin und Yang (kalt und heiß). Sie stärkt Yin und Yang. Mageren und geschwächten Menschen ist ihr Verzehr besonders zu empfehlen.

Weiße Tauben sind Yin und Yang (kalt und heiß). Ihr Verzehr kräftigt die Energien und reinigt von Giftstoffen. Empfehlenswert bei Hautkrankheiten (Krätze, Furunkel).

Dunkles Fleisch weißgefiederter Hühner wirkt vor allem auf Frauen kräftigend. In Verbindung mit bestimmten Medikamenten hilft es gegen Star.

Spatzen sind Yang (heiß). Ihr Fleisch erhöht die Energie und wirkt sexuell stimulierend.

Karpfen ist Yin und Yang (kalt und heiß). Sein Verzehr ist nicht ratsam bei Lungenerkrankungen, Husten, Furunkulose, Abszessen und Krätze.

Die Schleie ist Yin und Yang (kalt und heiß). Ihr Fleisch stärkt die Organe und das Blut.

Anabas (ein Fisch) ist Yang. Sein Fleisch stärkt den Organismus.

Langusten und Krevetten sind Yin (kalt). Sie sind sehr giftig bei Hautkrankheiten, Abszessen, Furunkeln, Zysten, Rheuma und Husten.

Muscheln sind Yang (heiß). Sie kräftigen das Blut, stärken die Organe und erleichtern die Verdauung.

Inhalt

Hermann Bauer Verlag · Freiburg im Breisgau

Hermann Bauer Verlag · Freiburg im Breisgau

Renée Taylor

Die Gesundheitsgeheimnisse der Hunza

und ihre Kunst, ein langes
und glückliches Leben zu führen.

2. Auflage, 304 Seiten mit 11 Abbildungen, gebunden

Dieser ausführliche Augenzeugenbericht über das kleinste Königreich der Welt, dem Land der Hunza, einem schmalen Gebirgsstreifen zwischen Kaschmir, China und Afghanistan, zeigt, wie die etwa fünfzehntausend Hunza ein naturgemäßes, konfliktfreies Dasein führen. Die Autorin befaßt sich eingehend mit den sozialen Verhältnissen, den Erziehungsmethoden und den spirituellen Vorstellungen der Hunza. Breiten Raum widmet sie auch den Schönheits- und Kochrezepten und verrät dabei so manches Geheimnis jugendlicher Frische und lebenslanger Vitalität. An der Wirksamkeit dieser Rezepte kann kein Zweifel bestehen, denn während ihres Aufenthalts im Hunzaland traf die Autorin keinen übergewichtigen Menschen; keiner litt an Krebs, Bluthochdruck, Herzkrankheiten oder anderen, typisch westlichen Zivilisationskrankheiten. Ebenso erstaunlich ist die Tatsache, daß es im Hunzaland keinen Ruhestand westlicher Prägung gibt: Hochbetagte Männer, teils weit über einhundert Jahre alt, verrichten noch schwerste Feldarbeit.

Das Buch ist nicht nur für den völkerkundlich interessierten Leser besonders wertvoll: Die zahlreichen Ernährungs- und Behandlungstips machen es für jeden gesundheitsbewußten Menschen zur hilfreichen und anregenden Lektüre.

Hermann Bauer Verlag · Freiburg im Breisgau